Estimado Lector,

En nuestro papel de padres buscamos maneras de que nuestros niños tomen parte en ricas experiencias de aprendizaje que habran sus mentes y que los ayude a desarrollar sus propias pasiones e intereses.

La lectura es una de las formas más poderosas de abrir nuevos mundos para un niño. Cuando nosotros leemos un libro, por el contexto de un cuento, nosotros les enseñamos a los niños vocabulario esencial, creatividad, y habilidades para resolver problemas.

Desafortunadamente, no todos los niños reciben la atención individualizada leyendo con un adulto.

En la actualidad, la tercera parte de los niños en América que están entrando a la escuela no tienen las habilidades básicas fundamentales que necesitan.[1]

Es por eso que nosotros estamos participando en la campaña *Read for the Record* de Jumpstart, una iniciativa nacional para destacar la importancia de la educación temprana estableciendo un récord mundial del mayor número de niños leyendo con un adulto en el mismo día.

Al unirse a la campaña *Read for the Record* de Jumpstart, no sólo fomenta un amor por la lectura con niños cerca de usted, usted también apoya el trabajo de Jumpstart de traer esta misma atención individualizada a niños en comunidades de bajos ingresos a través del país.

Los ingresos derivados de este libro le permite a Jumpstart llegar a más niños necesitados para prepararlos para el jardín de infancia y, a la larga, para la vida.

Únase con nosotros leyendo con un niño en su vida por medio de la campaña *Read for the Record* de Jumpstart. Juntos podemos romper un récord mundial y hacer de la educación temprana una prioridad nacional.

Sinceramente, *Matt Lauer* *Meredith Vieira*

1. Landry, S. (2005). Chapter 6: Content Areas. *Effective Early Childhood Programs: Turning Knowledge into Action.*

i

Creo en el poder de la lectura.

Les doy las gracias a mis abuelos y a mi madre por haberme inculcado un amor verdadero por la lectura, y por estimularme alentarme a que me expresara.

Cuándo yo estaba creciendo, mis abuelos y madre me dieron amor y apoyo durante los tiempos difíciles. Para cuándo cumplí once años, estaba escribiendo versos y creando música.

Ahora que soy un padre, sé que el regalo más importante que puedo darle a mis hijos es el regalo del poder a través de la lectura. Todo niño necesita a alguien que lo ayude a descubrir su potencial, y la lectura es la llave maestra. Al pasar tiempo con mis hijos todos los días, yo les muestro que creo en ellos, al igual que mis abuelos y madre creyeron en mí.

Creo en Jumpstart, porque enciende el espíritu de soñar en niños preescolares en comunidades de bajo-ingresos y tiene un efecto positivo de por vida. Cuándo los niños de Jumpstart leen con adultos, aprenden sobre la importancia de la alfabetización y el lenguaje, y desarrollan habilidades sociales que serán beneficiosos por el resto de sus vidas.

Únase conmigo a la campaña *Read for the Record* de Jumpstart cuando nos juntemos para celebrar el poder de la lectura.

LL Cool J es un talentoso artista, actor, autor, que ha grabado discos, dos veces ganador del premio Grammy, y ganador del premio Image del NAACP.

¿Qué es Jumpstart?

Hola, soy Amanda Natalie y soy una exalumna del programa Jumpstart Corps y en la actualidad estoy empleada por Jumpstart en la Universidad de Pittsburgh. Cuándo entré a la universidad, no sabía a donde iba mi vida o lo que quería hacer con ella. El ser voluntaria para Jumpstart proporcionó tres años de inspiración constante al observar como los niños con los que trabajaba crecian para convertirse en estudiantes entusiastas. Después de graduarme, me convertí en una directora de Jumpstart Pittsburgh y ahora asesoro a estudiantes universitarios para ayudarlos a desarrollar la misma relación individualizada de alta calidad que yo tuve con niños preescolares de comunidades de bajo-ingresos.

Mi primer año universitario, yo me convertí en miembro del programa Jumpstart Corps, que significó trabajo individualizado con un niño preescolar para ayudarlo a desarrollar la capacidad de leer y escribir, el lenguaje, y las habilidades sociales necesarios para el éxito escolar. Mi primer compañero niño fue un chico muy especial llamado Tony. Al principio, era tímido y estaba poco dispuesto a participar en nuestras canciones y actividades. Pero para fin de año, Tony podía escribir su nombre, sabía las palabras de todas las canciones, y a menudo era el centro de atención. Fue muy difícil dejarlo al final del año escolar. Él se había convertido en lo más importante de mis días en la escuela.

Hable con cualquier miembro del programa Jumpstart Corps, y ellos le dirán que la razón por la que son voluntarios de Jumpstart no tiene nada que ver con el dinero que ganan. Lo haces por los proyectos de servicio de los sábados con tu equipo. Lo haces por las tres horas de conversaciones con el personal después de que todos se han ido a casa. Lo haces por las amistades en tu grupo. Pero, más que nada, lo haces por los niños—para sus sonrisas, sus abrazos, su eterno agradecimiento de tu presencia en sus vidas. Y lo haces por ti mismo. Porque sólo una organización como Jumpstart te pudo enseñar que tienes la habilidad de cambiar el mundo y las vidas a tu alrededor.

¿Qué es *Read for the Record* de Jumpstart?

Read for the Record de Jumpstart es una campaña nacional para poner en contacto a adultos con niños en la poderosa relación de aprendizaje que todo niño necesita antes de entrar al jardín de la infancia. Cuándo usted participa en *Read for the Record*, usted está trabajando a favor de la importancia de la calidad de la educación temprana y por la esperanza que todo niño jóven trae al mundo. Debido a que el 100 de los ingresos derivados pagan por nuestro trabajo con niños de alto riesgo, cuándo usted compra este libro, usted le da un regalo inestimable a un niño de Jumpstart: tiempo valioso con un mentor preparado y comprometido.

El año pasado más de 258.000 niños alrededor del mundo participaron en la campaña *Read for the Record* leyendo el mismo libro con un adulto en el mismo día en bibliotecas, aulas de clase, hogares, tiendas, y en grupos de padres. El 2 de octubre, de este año, nosotros necesitamos su ayuda para poner en contacto a aún más niños y adultos en las poderosas relaciones de aprendizaje que modela el trabajo de Jumpstart en aulas de clase cada día.

Además de leer Corduroy el cuento clásico de niños con un niño en su vida, Jumpstart espera que usted incluya a su familia y a sus amigos en *Read for the Record* de Jumpstart. ¡Juntos, podemos hacer de la educación temprana una prioridad nacional!

Visite **www.readfortherecord.org** para descubrir otras maneras de apoyar a Jumpstart.

Saque el mayor provecho de la lectura que hacen juntos

Recuerde estas formas simples de compartir la alegría de la lectura con su niño:

● Saque tiempo para leer todos los días. Cree un tiempo y un lugar especiales para leer.

● Haga que el momento de la lectura sea divertido e interactivo. ¡Sea juguetón y disfrútelo!

● Tenga una conversación. Explique nuevas palabras y haga preguntas.

● ¡Lea el libro otra vez! Su niño aprende más cada vez que usted vuelve a leer una historia.

Fortalezca el lenguaje por medio de la lectura

Los cuentos tienen un potencial inacabable para desarrollar la imaginación de un niño y ayuda a desarrollar un mayor entendimiento. Saque tiempo para explicar nuevas palabras en el cuento proporcionando una definición sencilla. Ayude a que su niño se familiarice con las palabras que describen las aventuras de Corduroy en la tienda. Por ejemplo:

● **Clientes**—las personas que vienen a una tienda para comprar cosas.

● **Tienda**—un almacén grande con muchas áreas diferentes donde se puede comprar ropa y cosas para su hogar, como sábanas, almohadas, camas, sofás, ollas, sartenes, tostadoras, y más.

● **Buscando**—tratando de encontrar algo cuidadosamente.

● **Escalera automática**—escaleras que se mueven para llevarte de un piso a otro.

● **Tirón**—arrancar o dar un jalón muy brusco.

● **Guardia nocturno**—alguien que protege un lugar de noche cuando está cerrado.

● **Alcancía**—un contenedor usado para ahorrar dinero hasta que quieras comprar algo.

Para encontrar más palabras para explorar con su niño, visite **www.readfortherecord.org**.

Haciendo de la lectura una conversación

Al leer, cada página proporciona oportunidades para que usted hable con su niño. Las conversaciones refuerzan las habilidades de escuchar y hablar. Aquí están algunos ejemplos para que usted pruebe en casa:

Página 13

Después de haber leído la página, señale al dibujo y diga, "Mira a Corduroy subiendo _____." Haga una pausa para ver si su niño recuerda la palabra escalera automática. Si no, usted puede recordarselo. "Él piensa que está subiendo una montaña. ¿Alguna vez has estado en una escalera automática? ¿Fue divertido? ¿Para dónde fue?

Página 17

Antes de leer esta página, haga una pausa y haga el comentario, "¿Me pregunto qué es lo que está haciendo Corduroy? ¿Por qué? ¿Hmmm, qué piensas que sucederá a continuación?"

Página 32

¿Preguntele a su hijo, "¿Qué piensas que harán Corduroy y Lisa ahora que son amigos? ¿Qué harías con Corduroy si él fuera tú amigo?"

Más allá del cuento

¡Léalo otra vez! Si no lo es ya, *Corduroy* rápidamente se convertirá en un cuento favorito de su niño. Él o ella querrá leerlo una y otra vez. Cada vez, su niño absorberá más del cuento y continuará construyendo conocimiento sobre el mundo.

¡Hablemos! A los niños les encanta volver a contra cuentos y conectarlos con sus propias vidas. Aquí están alguna cosas divertidas y fáciles que usted puede hacer para conectar el cuento de *Corduroy* con la vida de su niño.

- **Visite una tienda.** La próxima vez que usted vaya a un centro comercial o a una tienda, hágale preguntas a su niño para ayudarlo a recordar el cuento de *Corduroy*. Tome la escalera automática. Encuentre el departamento de colchón.

- **Cambien las sábanas juntos.** Cuándo usted cambia la ropa de cama, invite a su niño a ayudar. Quítele las sábanas al colchón y mirelo. ¿Tiene botones como en el cuento de *Corduroy*?

- **Invente nuevas aventuras.** Corduroy vivía en el departamento de juguetes con los otros muñecos y animales. Todos estaban esperando a que alguien viniera y se los llevara a casa. Échele un vistazo a las primeras páginas del libro con su niño. ¿Quién tendría más probabilidades de ser el próximo? ¿Qué tipo de aventura tendrá ese juguete cuando alguien se lo lleve a casa?

- **Cuando niños todos tienen algún amigo peluche.** ¿Tenía un osito de peluche favorito? Dígale a su niño acerca del osito. ¡Aún mejor, si usted tiene una fotografía vieja, búsquela!

¡Vaya a **www.readfortherecord.org** para encontrar más actividades y para compartir sus ideas para la próxima aventura de Corduroy!

CORDUROY

CORDUROY

EDICIÓN ESPAÑOLA

Escrito e ilustrado por Don Freeman

THE VIKING PRESS / NEW YORK

Dedicado a Sally Elizabeth Kildow
y Patrick Steven Duff Kildow,
quienes saben lo que siente un osito por los botones

VIKING
Published by Penguin Group
Penguin Young Readers Group, 345 Hudson Street, New York, New York 10014, U.S.A.
Penguin Group (Canada), 90 Eglinton Avenue East, Suite 700, Toronto, Ontario, Canada M4P 2Y3 (a division of Pearson Penguin Canada Inc.)
Penguin Books Ltd, 80 Strand, London WC2R 0RL, England
Penguin Ireland, 25 St Stephen's Green, Dublin 2, Ireland (a division of Penguin Books Ltd)
Penguin Group (Australia), 250 Camberwell Road, Camberwell, Victoria 3124, Australia (a division of Pearson Australia Group Pty Ltd)
Penguin Books India Pvt Ltd, 11 Community Centre, Panchsheel Park, New Delhi – 110 017, India
Penguin Group (NZ), 67 Apollo Drive, Rosedale, North Shore 0632, New Zealand (a division of Pearson New Zealand Ltd)
Penguin Books (South Africa) (Pty) Ltd, 24 Sturdee Avenue, Rosebank, Johannesburg 2196, South Africa

Penguin Books Ltd, Registered Offices: 80 Strand, London WC2R 0RL, England

Corduroy first published in 1968 by The Viking Press
This translation first published in 1988 by Viking Penguin Inc.
This special edition published in 2008 by Viking, a division of Penguin Young Readers Group

1   3   5   7   9   10   8   6   4   2

Copyright © Don Freeman, 1968
Translation copyright © Viking Penguin Inc., 1988
Photos on pages i and ii copyright © Djamilla Rosa Cochran, 2008
All rights reserved

Corduroy (Spanish edition) Library of Congress catalog card number: 90-61306
This edition ISBN 978-0-670-01122-3

Manufactured in China

Corduroy es un osito que por un tiempo vivió en la juguetería de una tienda grande. Día tras día esperaba junto a los otros animales y muñecos que alguien viniera y se lo llevara a casa.

La tienda siempre estaba llena de gente que compraba todo tipo de cosas, pero parecía que nadie nunca deseaba comprar un osito con pantalones verdes.

Luego, una mañana, una niñita se paró y miró directamente a los ojos brillantes de Corduroy.

—¡Mira, mami!— dijo. —¡Mira! Allí está el osito que siempre he querido.—

—Hoy no, mi amor,— su mamá se lamentó. —Ya he gastado mucho. Además no parece nuevo. Ha perdido uno de los botones de sus tirantes.—

Corduroy miró con tristeza como se alejaban.

—No sabía que había perdido un botón,— dijo para sí.

—Esta noche voy a ver si lo encuentro.—

Ya tarde esa noche, cuando todos ya se habían ido y se habían cerrado las puertas de la tienda, Corduroy bajó con cuidado de su

estante y empezó a buscar su botón perdido por todo el piso.

¡De repente sintió que el piso se movía! De pura casualidad se
había parado en las escaleras automáticas— ¡y hacia arriba se fué!

—¿Será esto una montaña?— se preguntó. —Creo que siempre he
deseado subir una montaña.—

Cuando llegó al piso siguiente se bajó de las escaleras, y allí, ante
sus ojos, estaba una vista muy sorprendente—

mesas y sillas y lámparas y sofás, y filas y filas de camas. —¡Esto debe ser un palacio!— Corduroy dijo, maravillado. —Creo que siempre he deseado vivir en un palacio.—

Se paseó por todo el sitio, admirando los muebles.

—Esto deve ser una cama,— dijo. —Siempre he querido dormir en una cama.— Y se encaramó sobre un enorme y grueso colchón.

16

De repente vió algo pequeño y redondo.

—¡Caramba, aquí está mi botón!— gritó. Y trató de recogerlo. Pero, al igual que los demás botones de un colchón, estaba firmemente amarrado.

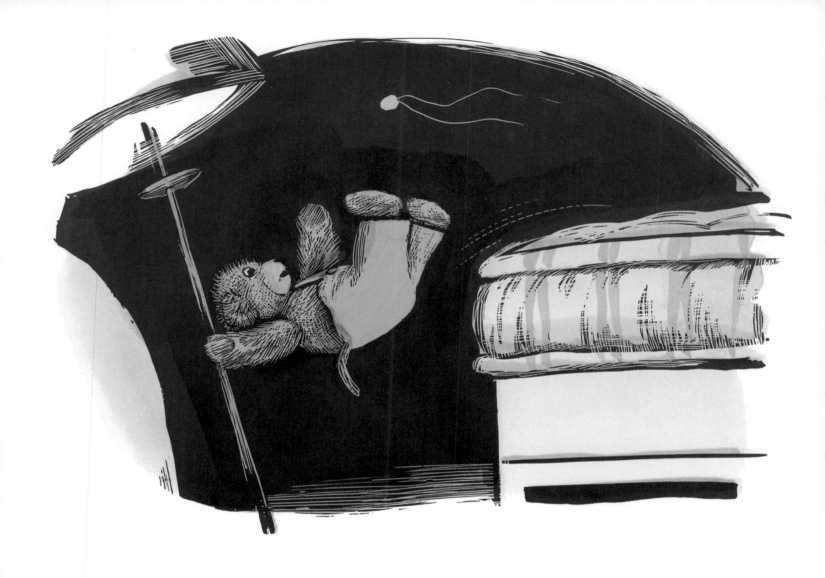

Tiró y jaló con sus dos patas hasta que ¡PUM! El botón se desprendió—y Corduroy cayó del colchón,

dándose un topetazo contra una lámpara de piso grande.
¡CATAPLUM! Cayó la lámpara.

Corduroy no lo sabía, pero alguien más estaba despierto en la tienda. El guardia nocturno hacía su recorrido por el piso de arriba. Cuando oyó el ruido, bajó corriendo las escaleras.

—¿Quién pudo haber hecho esto?— exclamó. —¡Alguien debe estar escondido por aquí!—

Con su linterna alumbró por arriba y por debajo de los sofás y de
las camas, hasta llegar a la cama más grande de todas. Y allí vió
dos orejas peludas de color marrón que salían de abajo del
cubrecama.

—¡Hola!— dijo. —¿Cómo has subido hasta aquí?—

El guardia puso a Corduroy bajo el brazo, lo llevó escalera abajo,

y lo colocó en el estante de la juguetería junto a los otros animales
y muñecos.

Corduroy apenas se había despertado cuando vió a los primeros clientes entrar en la tienda en la mañana. Y allí, mirándolo con una amplia y cariñosa, sonrisa, estaba la misma niñita que justo había visto el día anterior.

—Me llamo Lisa,— dijo la niña, —y vas a ser mi propio osito.
Anoche conté lo que había ahorrado en mi alancía y mi mamá dice
que puedo llevarte a casa.—

—¿Quieres que te lo ponga en una caja?— le preguntó la vendedora.

—No, muchas gracias,—contestó Lisa. Y en sus brazos se llevó a
Corduroy a casa.

Subió corriendo los cuatro pisos de escaleras hasta el apartamento
de su familia y derechito a su cuarto.

Corduroy pestañeó. Allí había una silla y un gavetero, y al lado de
una cama de niña estaba una camita justo de su tamaño. El cuarto
era pequeño, nada parecido al enorme palacio de la tienda.

—Este debe ser mi hogar,— dijo. —Sé que siempre he querido un
hogar!—

Lisa sentó a Corduroy en su regazo y comenzó a coser el botón de
sus pantalones.

—Me gustas tal y como estás,— dijo, —pero te sentirás más
cómodo con tu tirante amarrado.—

—Seguro qu tú eres una amiga,— dijo Corduroy. —Siempre he deseado tener una amiga.—

—¡Yo también!— dijo Lisa, y le dió un fuerte abrazo.

SOBRE ESTE LIBRO

Al preparamos para romper el récord mundial del evento de lectura compartida jamás vista, todos nosotros en Jumpstart les damos las gracias a las personas y negocios de *Pearson*, Patrocinador y Socio Fundador de la Campaña *Read for the Record* de Jumpstart, por su apoyo continuo.

Esta edición limitada especialmente preparada del clásico de niños *Corduroy* de *Viking* ha sido publicada y distribuida por *Pearson*, asegurandose de que el 100 por ciento de los ingresos derivados de la venta de este libro respalde directamente el trabajo de Jumpstart con niños de comunidades de bajo-ingresos en América.

Además de financiar esta edición limitada especialmente preparada de *Corduroy*, *Pearson* y su gente en los EEUU, y alrededor del mundo están tomando parte en las celebraciones de *Read for the Record* de Jumpstart y trabajando con gobernadores, alcaldes, asociaciones de padres de familia, escuelas, bibliotecas, y organizaciones locales para difundir y destacar la importancia y el poder de la lectura. La Fundación *Pearson* también está suministrando más de 100.000 copias de *Corduroy* para niños de alto-riesgo en distritos escolares y organizaciones comunitarias por todo el mundo.

Desde el 2001, los negocios de *Pearson*—*Pearson Education*, el *Financial Times Group*, y el *Penguin Group*, han compartido la meta de Jumpstart de asegurar que todo niño en América entre a la escuela preparado para triunfar. Por favor averigue más sobre la asociación entre *Pearson* y Jumpstart, y sobre todas las formas en que *Pearson* ayuda a personas alrededor del mundo a vivir y aprender visitando www.pearsonfoundation.org.